La semence

Semer la joie,
Important pour toi, pour moi.
Un peu, beaucoup, sans cesse,
Ce sont des graines de délicatesse.

Semer le sourire,
Afin de le faire resplendir,
Un peu, beaucoup, sans cesse,
C'est le soleil de la gentillesse.

Semer le courage,
Qu'il te, me, soutienne pendant l'orage.
Un peu, beaucoup, sans cesse,
C'est l'arme dans la détresse.

Semer ta foi, ton amour,
Pour éviter tout détour.
Un peu, beaucoup, sans cesse,
C'est cela la promesse.

L'envie du besoin

Elle a le besoin de se retrouver
Car la vie l'a paumée
Mais elle a envie de réapprendre à
l'aimer.

Quand elle regarde autour d'elle
Devinez ce qu'elle aperçoit :
De la liberté, de l'amour, de la joie.

Quand elle entend le vent siffloter
Elle se dit que la vie est d'une telle
beauté,
Qu'on ne pourra le lui ôter.

Il est là le bonheur

Entendre tous ces chants d'oiseaux
Lui rappelle à quel point le monde est
beau.

C'est si agréable de sentir le vent contre
son corps,
Qu'elle pourrait rester des heures encore
et encore.

Regarder ces petites gouttes d'eau
tomber,
Lui fait apparaître un sentiment de
légèreté.

Sentir la puissance du soleil réchauffer
son cœur,
Lui rappelle que devant elle se trouve le
bonheur.

Sur le sentier

Le soleil couché dans les nuées
Demain viendra, le jour, la nuit.
Orage, clarté, vapeurs obstruées ?
Puis un autre jour, une autre nuit.

Les jours passent en foule,
Sur la face des mers, des monts,
Sur les fleuves, les forêts, les routes.
Tel un hymne nous ne cessons
d'avancer.

Marcher pas après pas,
Longer ce sentier avec difficulté, ou
avec
Légèreté, il faut apprécier.
Telle une chance qui est donnée.

<u>Tout peut s'émerveiller</u>

Il te suffit d'y croire,
Ai confiance et sort du noir.
Faire le choix de la bonne voie
Pour goûter à la joie.

Permettre à son cœur de s'ouvrir,
Pour laisser place au sourire.
Devant toi, le bonheur,
Accepte sa demeure.

Un matin au réveil,
C'est là que tout s'émerveille.
Le jour au bord de la rive
C'est là que tu clos la dérive.

Pèlerin sur le chemin

Partir cheminer, se remettre en question.
Partir pour se connaître, descendre dans
son tréfonds.

Abandonner l'orgueil, les préjugés,
Lucide accepte de se jauger.

Partir retrouver l'étincelle de la vie.
Partir reconstruire le passé qui la vit,
Sans jamais avoir honte, ni réticence, ni
tricherie, repartir du bon pied sans
donner l'oubli.

Écouter, rester calme, maîtriser ses
émotions.
Tout comprendre, faire preuve de
patience et de distinction.

Raisonner et pour autant aimer.
Recevoir et pour autant donner.

Lire les yeux de ceux qui sont blessés,
les aider s'ils souffrent puis repartir sans
rien dire.

Tout donner sans rien garder, se priver
pour ceux qui sont en manque, sans en
juger les causes trop souvent apparentes.

Se souvenir du passé, des échecs, des
victoires, ne jamais oublier mais
continuer d'avancer.
Oser regarder la douleur sans se fâcher.
S'y confronter, pour pouvoir s'en
libérer.

S'autoriser à plier, s'agenouiller, pour le
matin ne plus être essouffler.
Guider les premiers pas, sur le chemin
les mettre.

Ne pas se retenir, ne pas trop en faire ou
trop en dire.
Parfois s'éloigner, et laisser le temps se
parfaire.
Se laisser guider par le chemin, tout en
leur tendant sa main.

Éclairer le but qui est la route pour faire
s'évader tous les doutes.
Allumer la lumière tout en gardant
précieusement ce mystère,

Témoigner pour la faire grandir, pour en faire un brasier.

Suivons l'étoile et approprions-nous là.
Parler avec Dieu,
Rester en chaire devant les cieux.

Poursuivre le chemin, en personne
véritable devenue pèlerin.

Le coucher puis le lever

A chaque couché de soleil elle est fatiguée.
Elle doute, elle appréhende, elle ne se sent plus légitime.

A chaque couché de soleil elle fait l'autre choix. Elle veut fermer ses yeux, les mauvais souvenirs sont présents.

A chaque couché de soleil, la lumière semble disparaître et laisser place à la solitude.

Elle saisit ce moment du coucher de soleil, elle se blottit dans l'amour de l'univers, car elle sait que demain elle verra le lever du soleil.

A chaque lever de soleil, elle espère.
Elle y croit, elle met de l'énergie, elle
retourne au combat, elle continue son
chemin.

A chaque lever de soleil elle choisit.
Elle est certaine, elle y va, elle ne baisse
pas les bras.

A chaque lever de soleil elle y retourne.
Elle est battante, elle veut y arriver, un
pas après l'autre vers la victoire sur le
chemin de la vie.

Prendre le temps

Prendre le temps c'est savourer l'instant
Et donner de l'importance à ce que nous
faisons, à ce que nous sommes.

Prendre le temps c'est accepter,
s'autoriser, à se reposer.
Reprendre de l'énergie, reprendre des
forces pour savourer.

Prendre le temps c'est se donner le droit
d'aimer.
Mais c'est surtout se donner le droit de
s'aimer, d'être aimé.

Prendre le temps pour soi, pour
réfléchir,
Pour penser, pour créer, pour insuffler.

Prendre le temps pour respirer,
Pour profiter de chaque souffle qui va
nous mener un peu plus haut, un peu
plus loin.

Recette du repos

Déposer ses soucis pour se libérer, pour pouvoir souffler.

Ne pas anticiper, ne pas trop prévoir, se laisser porter par le mouvement de la vie.

Laisser place à la providence, à la grâce de l'univers, se laisser surprendre par la surprise de la vie.

Lâcher prise et accepter de perdre le contrôle. Confiance nous sommes assurés par la vie.

Ressentir la douceur et l'humilité du repos. Cela ouvrira davantage la porte de l'amour.

Partir à la découverte de la vérité de soi pour apaiser nos questions identitaires. Se trouver en vérité avec soi-même, et donc avec les autres.

La liberté

La liberté se trouve là où commence la
vie.

Faire le choix du chemin de vie s'est
s'offrir à soi-même la liberté.

La liberté se trouve dans le vent,
Alors suivons-le, sans réfléchir et en
vivant dans le présent.

La liberté se trouve dans nos plus grands
rêves,
N'hésitons pas, la vie est brève.

La liberté s'illumine dans l'horizon,
Laissons-nous porter par le cœur et non
par la raison.

La liberté n'a pas de demeure,
Elle appartient à nous qui voulons bien
en voir la lueur.

Nous sommes…

Nous sommes petits dans la grandeur,
nous sommes grands dans la petitesse.

Nous sommes grands dans la petitesse et
unique dans l'univers.

Nous sommes uniques dans l'univers, et
des milliers dans le monde.

Nous sommes des milliers dans le
monde, mais sur une seule terre.

Nous sommes sur une seule terre, et il y
a une multitude de nationalités.

Nous sommes des multitudes de
nationalités, et il n'y a qu'une Humanité.

Nous sommes qu'une Humanité et nous
avons tous un cœur.

Nous sommes tous des Hommes, sur
une Terre, avec un cœur, ne l'oublions
pas.

Respect, tolérance, humanité, entraide,
amour, bienveillance.

<u>Tu souhaites la liberté ?</u>

Comment être libre ? Comment atteindre cette liberté qu'on rêve tant ?

Il faut se laisser le choix de choisir la liberté ou non. Il faut se laisser libre de se choisir, se choisir soi-même pour atteindre sa liberté.

Choisir la liberté demande du courage, des efforts, mais après avoir dépassé cela, il y a une vraie promesse, celle qui va nous élever encore plus haut.

La liberté nous la rêvons. Et sur le chemin nous pouvons y goûter.

Marcher, ne rien calculer, apprendre, connaître, découvrir, et tout ça sans filtre, dans une pure vérité qui ne fait que d'enrichir notre amour.

La liberté au-delà d'être un choix, et aussi une manière de vivre.

Chaque individu peut choisir sa propre liberté. Chaque liberté va être différente. Ainsi tout le monde peut atteindre ce souhait qui l'habite au plus profond de lui.

Nous sommes libres de faire des choix pour vivre notre vie, notre foi, nos aspirations, nos désirs.

A toi qui rêves, alors oses choisir ta liberté, la vie est bien trop courte pour s'attarder à des futilités, ta liberté t'attend.

Le chemin

Son bâton à la main,
Son sac sur le dos,
Elle avance sur ce chemin
En se laissant naviguer tel sur l'eau.

Jour après jours elle avance,
De facilités à difficultés,
Elle goûte à la romance,
La romance de la vie dont elle a rêvé.

Une bonne nouvelle, une mauvaise.
une mauvaise nouvelle, une bonne.
La roue est en train de tourner,
Et lui permet donc de continuer à
espérer.

Du bout des doigts elle touche ce
mystère,
Entre rires et larmes, désespoir et joie.
Sur ce chemin, elle retrouve des repères.
Ce qui lui permet d'alléger sa croix.

Sur le chemin

Sur le chemin on peut se délier, ce qui nous mène à se libérer.

Sur le chemin on peut résister, pour continuer d'avancer.

Sur le chemin on peut regarder pour continuer de se projeter.

Sur le chemin il faut oser pour pouvoir s'abandonner.

Sur le chemin on peut pleurer pour pouvoir tout lâcher.

Sur le chemin on peut rencontrer pour apprendre à aimer.

Sur le chemin on peut sourire pour éviter de s'accroupir.

Sur le chemin on peut tomber pour mieux se relever.

Sur le chemin on peut apprécier pour profiter.

Sur le chemin on peut se balader pour continuer de danser.

Sur le chemin on peut marcher pour moins appréhender.

Sur le chemin on peut ressentir le courage pour moins ressentir la rage.

Sur le chemin on peut sortir de l'ombre pour éviter une vie sombre.

Voilà

Voilà la lumière entre les barreaux,
Regarde comme le ciel est beau.

Voilà le soleil entre les nuages,
Regarde ses rayons malgré les ravages.

Voilà la joie entre les bruits,
Regarde comme elle éclaire ta nuit.

Voilà les fleurs entre les rochers,
Regarde leur couleur rosée.

Voilà les rires entre les larmes,
Regarde comme ils font baisser les
armes.

Voilà l'amour entre la violence,
Regarde, elle fait la différence.

Le hier, le demain, l'aujourd'hui

Le hier a pu faire pleurer.
Le hier a pu faire s'écrouler.
Le hier a pu faire désespérer.
Le hier a pu faire tomber.
Le hier a pu faire faner.

Le demain peut faire angoisser.
Le demain peut faire appréhender.
Le demain peut faire trembler.
Le demain peut ébranler.
Le demain peut faire s'inquiéter.

Le aujourd'hui fait profiter.
Le aujourd'hui fait réaliser.
Le aujourd'hui fait se relever.
Le aujourd'hui fait s'illuminer.
Le aujourd'hui fait aimer.

Rêver

Rêver sa vie.
Rêver sa journée.
Rêver son travail.
Rêver son objectif.
Rêver son chemin.
Rêver sa famille.
Rêver sa joie.
Rêver son plaisir.
Rêver ses désirs.
Rêver de se relever.
Rêver d'avancer.
Rêver de sourire.
Rêver sa lumière.
Rêver sa vérité.
Rêver de vivre.
Rêver d'accomplir.
Rêver de réussir.
Rêver d'atteindre.
Rêver de voler.
Rêver de plus haut.
Rêver ça va mener.

Le premier pas

Le premier pas c'est le courage de quitter ce que tu ne veux plus.

Le premier pas c'est d'oser entreprendre, créer les rêves.

Le premier pas c'est d'apprendre à se connaître en vérité.

Le premier pas c'est de faire l'expérience de l'amour véritable.

Le premier pas c'est de faire le choix du chemin de vie.

Le premier pas c'est de lever le regard vers le soleil.

Le premier pas, il y en a plusieurs.

Alors pour faire le premier pas, ai confiance en TON premier pas.

Car c'est celui-là qui guidera ton rythme, ta direction.

Ce premier pas sur ce chemin mènera à ton destin qui est bien, ton chemin.

La peur, les doutes, l'angoisse, c'est légitime.

Mais faire ce saut, ce saut dans la foi, ce saut de vie, peut nous mener vers notre étoile.

Alors qui acceptes-tu de suivre ton étoile ?

Le regard tourné

Le regard tourné vers l'éternité,
Elle ne cesse de rêver.
Rêver face à cette immensité
Afin de vaincre l'impossibilité.

Le regard tourné vers le futur,
Elle contourne tous les murs,
Malgré toutes les épreuves, le monde
dur,
Elle ne cesse d'être sûre.

Le regard tourné vers sa vie,
Elle court en direction de l'infini,
Malgré les pleurs, elle continue, elle
sourit,
Elle avance seulement sur le chemin de
sa vie.

<u>La vie</u>

La vie difficile peut-elle,
Avec l'envie d'avoir des ailes,
Pourtant celle-là on l'aime.

Aimer la vie,
Alors que prime la nuit,
Mais ne pas oublier que rien n'est fini.

Le combat est à mener,
Il ne cesse d'épuiser,
Mais la victoire est d'une beauté,
Qu'il ne faut la rater.

Promesse du Sauveur,
S'accrocher à sa lueur,
Car ce n'est pas l'heure.

Petite dose

Petite dose de curiosité,
Pèlerins qui ont fait la démarche d'aller
marcher.
Une étoile mène plus haut, un réel
accompagnement.
Ce qui élève le pèlerin sur un vrai
cheminement.

Petite dose de splendeur,
Pèlerins qui vagabondent en suivant la
lueur.
Villes, villages, terre, de merveilleux
paysage,
Un chemin qui fait sortir de sa cage.

Petite dose florale,
Qui fait danser le pèlerin dans ce bal.
Odeurs, lumière, un vrai spectacle se
joue,
Le chemin est un vrai bijou.

Petite dose d'humilité,
Pèlerins qui rencontrent dans la vérité,
Vérité humaine mais aussi face à la
vérité de l'immensité,
Dont ils sont entourés.

<u>Vivre</u>

Vivre. Vivre qu'est-ce réellement ?

En marchant, en discutant, en rencontrant, je commence à peine à voir la profondeur du mot vivre.

Pour moi il y a deux vivre.

- Vivre physiquement, le cœur bat, je vis.
- Vivre avec l'âme.

En marchant, en avançant, je prends conscience de la simplicité des choses, je retourne à l'essentiel de ma vie. Je marche vers la connaissance de moi-même, de mon cœur. Qui suis-je ? Comment dois-je vivre ? Comment je veux vivre ?

Pas après pas, dans de longs sentiers, j'ai pû goûter, du moins percevoir, l'étincelle de la présence de Dieu dans le mot, dans l'acte, VIVRE. Véritable, Infini, Vérité, Résurrection, Enseignement.

Mais pour vivre pleinement il ne suffit pas seulement de dire, il faut agir. Est-ce que tu vis réellement ? Est-ce que tu es en vie ?

Vivre c'est aller au plus profond de soi, écouter son cœur, son cœur d'enfant et non celui de juge, d'adultes ou autre. Car c'est bien le cœur d'enfant qui est vrai, authentique, puissant.

Oser rêver, oser entreprendre, oser s'aimer, oser aimer, oser pardonner, oser avancer. Oui vivre est un chemin de toute une vie, chemin de courage, de foi, chemin terrestre mais qui va bien au-delà de tout ça.

Sur ce chemin, je goûte aux prémices de la vie, aux prémices du ciel. Un monde idéal avec de la bienveillance, de la générosité, de l'entraide, de l'humanité, un non-jugement, de la gratuité, de la sécurité, mais ne devrait-ce pas être cela la vie quotidienne ?

Vivons comme nous l'entendons. Dieu nous a donné la vie. Don sacré qu'il ne faut pas négliger. Il ne faut rien refouler, il faut cheminer.

Un pas après l'autre.

Un jour après l'autre.

Une étape après l'autre.

Un chemin de vie.

Le courage

Le courage peut sembler s'épuiser,
Sans l'oubli de regarder, remarque de la
réalité, le courage à perduré.

Le courage peut générer de la colère, car
plus de vision de toutes airs. Avec pour
impression la durée d'une ère, le
courage peut se trouver au coin de la
rivière.

Le courage peut s'envoler, plus de
poids, tout devient léger.
Ressens-le il s'est implanté dans tes
pieds, le courage te fait avancer,
cheminer.

Le courage peut demander de la
confiance, même si à première vue
aucune ambiance, accepte cette alliance.
Le courage et la confiance vont danser
avec brillance.

Le camino

Partir seule sur le camino
Seule avec un sac à dos,
Pourquoi un tel voyage
A ce si jeune âge ?

Partir pour se laisser guider
Sur ce chemin qui fait espérer,
Traverser des villes, des villages, des
paysages,
C'est bien cela le pèlerinage.

Pas après pas sur la piste,
Celle qui est envoyé par le Christ,
Suivre le tracé,
Pour ne jamais cesser d'avancer.

Chemin hors du temps,
Où il y a la vie à l'instant présent,
Saveur aux joies de la vie,
Pour ne plus rester dans la nuit.

L'apprentissage

Apprendre. Apprendre à vivre. Apprendre à aimer. Apprendre à accueillir. Apprendre à avancer. Apprendre à se reposer.

La vie est un chemin d'apprentissage. Nous tombons, nous nous relevons. Le chemin de vie est source de leçon. Parfois elles peuvent être douloureuses, piquantes, même foudroyantes, mais chacune d'elles peuvent apporter quelque chose dans l'histoire de notre vie, dans notre manière d'être, dans notre manière d'agir.

Oui, c'est un choix que de décider comment ces leçons vont nous impacter, positivement, négativement ?

La souffrance peut faire partie des leçons malheureusement, mais nous avons en notre pouvoir de décider de rester agenouillé, ou alors de se relever petit à petit.

La joie peut faire partie des leçons qui, elle, est belle, mais il faut aussi pouvoir l'accueillir pour poursuivre la floraison de son chemin de vie.

La foi, l'amour, la colère, la trahison etc… peuvent faire partie des leçons, mais comme pour tout il n'y a pas de formule de mathématiques. Chacun peut décider quelles leçons étudier dans ce chapitre, quelle leçon retenir.

La vie n'est pas que des choix je l'accorde, mais cependant nous pouvons constamment poser des choix.

Danse avec la vie

Profiter de chaque seconde de bonheur
Sans aucune crainte, sans aucune peur,
Pour continuer d'avancer vers cette
lueur.

Le pouvoir dans les mains de bâtir
Cette maison que tu rêves de construire,
Ose la choisir.

Aperçois-tu cette rose,
Il peut suffir de si peu de chose
Pour l'atteindre, alors oses.

Accepte de saisir cette main,
Celle qui t'ai tendue sur le chemin,
Celle dont tu avais besoin.

Avec tous ses sons se forme ton
harmonie,
Sous cette musique c'est ainsi,
La vie te l'a promis.

Être présent

La présence va au-delà du fait d'être là physiquement. La présence est une alliance entre le corps, l'âme, l'esprit et le cœur. Pas facile de tout allié, mais la promesse est faite, par cette alliance, nous atteindrons la brillance. La brillance du corps, de l'âme, de l'esprit et du cœur.

La présence est une attention qui engage donc tout notre être, nos sens, on regarde, on écoute, on sent, on goûte. La présence est une expérience de la vie. Une expérience qui mène à l'existence.

La présence est aussi une forme de réceptivité. Elle consiste à accueillir, à recevoir, à donner, à accepter, la réalité. Être présent au moment même enrichit l'être intérieurement d'un fort enseignement.

La présence peut aussi mener à la libération de l'être. Un allègement soudain de vivre dans le moment présent et non plus dans un passé ou dans des projections qui sont angoissantes.

Vivre l'instant présent, rien que pour aujourd'hui.

L'immensité

Face à cette immensité
Je reste bouche bée
Tout en continuant d'admirer.

Face à cette liberté,
Que j'ai tant recherché,
Je ne cesse de profiter.

Face à moi-même
Je repense à ce que j'aime,
Je veux revenir à l'essentiel.

La grâce infinie

Quelle est la grâce infini ?
Ne serait-ce pas la vie ?
Saisir ce bâton pour avancer vers celle-
ci
Car c'est le moment aujourd'hui.

Elle arrête de se remémorer,
Et se concentre sur le fait de profiter,
Car elle sait que c'est cela qui va la
mener.

Un pas après l'autre sur le chemin,
Elle oublie le lendemain,
Pour oser suivre son destin.

La grâce la trouvée,
Elle a tant attendu ce moment inespéré,
Que maintenant elle en a été libérée.

Le fil

C'est au fil des rencontres, des mots
Que se noue le premier fil d'en haut.
C'est au fil des paroles
Qu'elle en repère sa boussole.
C'est au fil des espoirs
Qu'elle peut sortir du noir.
C'est au fil des amitiés,
Qu'elle continue d'avancer.
C'est au fil de la marche,
Qu'elle arrive à dépasser cette arche.
C'est au fil du chemin,
Qu'elle en oublie le lendemain.
C'est au fil de la joie,
Qu'elle souris car elle l'aperçoit.
C'est au fil de l'amour,
Qu'elle danse la valse de l'amour.

L'amitié

L'amitié est un repère, une ligne
d'horizon.
Une lumière, une porte secrète vers les
émotions.
Elle nous aide par temps durs, elle fait
rire.
Elle nous rassure lorsqu'on pense au
pire.
Elle ne juge pas, elle accepte, elle
écoute,
Elle conseille pour guider sur la route.
Elle permet d'éclairer pendant la nuit,
De fleurir nos journées, d'ensoleiller les
jours de pluie.
L'amitié de la vie sur le chemin,
Se vis main dans la main.

Merci à tous mes amis.

La rumeur

La rumeur de la souffrance se disperse
et s'enfuit
Les arbres alors surpris ne pas voir la
nuit,
Ce qui laisse place à la vie.

La rumeur de l'air irrespirable
s'estompe
Les fleurs alors pensent qu'elle se
trompe,
Pour autant c'est l'heure de la pompe.

La rumeur du bruit dit qu'il est moins
agile,
La poussière alors se pose en ville,
Mais se trouvant sur le chemin elle est
tranquille.

La rumeur des jours noirs,
Les gens pensaient ne plus voir,
Mais c'était sans compter sur le pouvoir.

De... qui...

De la douleur qui assombrit la lueur.
De la colère qui estompe l'air.
Du désespoir qui laisse place au noir.
De la tristesse qui n'est qu'épaisse.
De la peur qui dépasse les heures.
Du mensonge qui supprime tout songes.
De la honte qui démonte.
De la déception qui est telle au bataillon.
Du sourire qui fait rire.
De la joie qui amène au moi.
De l'espoir qui sort du noir.
De la paix qui fait avancer.
De l'amitié qui fait danser.
De l'amour qui fait espérer.
De la vérité qui fait se délester.
Du bonheur qui met de la lueur.

La branche de l'étoile

S'accrocher à une branche de l'étoile pour éviter de tomber dans la noirceur de la nuit.

Se battre pour la vie en se protégeant avec la pétale du tournesol pour continuer à suivre le soleil.

S'autoriser à plier un genou, pour se relever plus fortement afin de courir avec le souffle de la vie.

Accepter ce qui est pour se projeter vers ce qui sera.

Vivre dans l'instant présent, tout ne va pas aller, tout ne va pas être facile, mais tout est possible à celui qui croit.

Alors crois en toi, en la vie.

Possible, Impossible

Croire en la possibilité puis se retrouver face à l'impossibilité.

Se retrouver face à l'impossibilité mais croire en la possibilité.

Courir avec l'espoir puis tomber avec le désespoir.

Voler avec des ailes, nager avec des nageoires, marcher avec des pieds, mais que faire pour vivre ?

Possible, impossible.

Croire avec foi mais ne pas croire par déception. Avancer tout en étant perdu. Tomber dans le trouble de l'égarement.

Possible, impossible

Est-ce l'acte d'un choix ? D'une volonté ? D'un destin ? Il ne suffit pas de le vouloir, mais suffit-il d'y croire ?

Possible, impossible

Mais avec toi tout est possible, rien n'est impossible.

Sur le chemin, le choix de la possibilité s'est offert, saisir ce présent pour vivre l'instant de la vie.

Ô mon Père

Ô mon Père,

Je te demande de pouvoir accueillir ta
consolation. Viens essuyer mes larmes.
Je te demande de venir prendre la garde
pour que je puisse abaisser les armes.

J'ose, j'ose croire en tes merveilles.
J'ose, j'ose espérer qu'elles me raviront
de ce temps de veille. Car l'envie est là,
je rêve de mon réveil.

Ô mon Père,

Toi qui as triomphé, amène-moi à être
victoire. Seul avec toi je peux sortir du
noir.Seul avec toi je peux garder espoir.
Seul avec toi, sur le chemin je peux voir.

Ô Seigneur, toi mon Père, je te
demande.

Amen

Les rencontres

Emilie m'a souri.
Margaux m'a aidée avec mon sac à dos.
Sarah m'a dit : "tu verras".
Liam m'a montré sa belle âme.
Elodie m'a embelli mon mardi.
Thibault m'a souligné que le monde est
beau.
Marcel m'a parlé de la sagesse éternelle.
Brigitte m'a accueillie dans son gîte.
Clémence m'a fait sa plus belle danse.
Capucine m'a montré l'utilité des
épines.
Sixtine m'a donné l'orange divine.
Philippine m'a parlé de ses origines.
Emmanuel m'a donné un bout de ciel.
Florence m'a raconté sa romance.
Jacques m'a montré le magnifique lac.
Bérénice m'a rendu service.
Mario à réussi avec brio.
Marie-Hélène m'a fait voyager sur la
plaine.
Pascal m'a offert une escale.

Jean-François m'a redirigé sur la bonne
voie.
Gaston m'a fait rire avec son chaton.
Louis m'a fait jouer une partie.
Claire m'a fait savourer l'air.

Les rencontres enrichissent notre
chemin.

L'horizon

L'horizon est emprisonné par des
nuages gris et prospères.
La mer se noie dans des vagues grises et
terrifiées.
Le vent gémit des murmures apeurés.
Jeune femme elle était l'objet dans l'air.

L'horizon s'est éclairci par des partiels
de bleu.
La nature s'apaise par la douce
température.
Les fleurs commencent à sortir et
perdurent.
Jeune femme portant son regard
courageux.

L'horizon est ensoleillé sur le chemin.
Mes rayons reflètent une forte et chaude
chaleur.
Les tournesols plus auteur mais bel et
bien acteur.
Jeune femme pouvant lever son poing.

Le souhait

Le souhait de réaliser un voyage
Se balader sur tous les rivages
Pour dire oui à la vie, à son mariage.

Le souhait d'aller loin,
Partir suivre son besoin,
Pour pouvoir enfin en être témoin.

Le souhait de vagabonder
D'aller goûter à la liberté,
Pour se libérer.

Le souhait d'une nouvelle ère,
Sans aucun repère,
Ce qui mène à retrouver de l'air.

Le souhait de voir le bout,
Se relever, tenir debout,
Pour accueillir le tout.

Ô mon âme

Voyager, partir, marcher, vagabonder.
Voyager pour découvrir.
Partir pour me révéler.
Marcher pour me rencontrer.
Vagabonder pour profiter.

Au-delà d'un souhait, d'une envie, d'un
besoin, le voyage est né de mon âme.
Celle qui ouvre le champ de tous les
possibles.

Mon âme, celle qui me sauve
quotidiennement, celle qui m'apporte de
la douceur, du bien-être.

Mon âme, cette cabane que personne n'a
pu atteindre en me faisant du mal.
Mon âme est mon bijou, ma boîte
secrète, et aujourd'hui je suis fière de
suivre ce qu'elle me dit.

Suivre mon âme pour continuer de me rencontrer, d'apprendre à me connaître, mais aussi poursuivre la préparation de cette dernière dans l'ouverture du monde qui l'entoure.

Ô mon âme je te remercie.

Mon corps

Mon corps,
Aujourd'hui je veux t'écrire, te parler.
Tu as souffert, on t'a fait vivre l'horreur,
l'impensable.
Puis j'ai continué à te meurtrir, à te
maltraiter.
Tu m'as demandé de l'aide, tu m'as
appelé au secours. J'entendais, mais je
n'arrivais pas à réagir. Je sais que tu
faisais comme tu pouvais pour te battre,
pour combattre les soucis que tu avais.
Sans mon aide tu as été fort. Tu as été
courageux. Tu as été combattant. Tu as
été persévérant.

Aujourd'hui je veux te demander
pardon. Pardon de te faire endurer tout
ce que je te fais vivre quotidiennement.
Pardon pour la souffrance que tu as
connue, pardon pour celle que je
t'inflige. Pardon pour la colère que je
peux ressentir envers toi.

Aujourd'hui je veux te remercier. Merci
mon corps de continuer de me porter.
Merci de ne pas m'avoir lâché
contrairement à ce que j'ai pu penser.
Merci aujourd'hui de me mener vers
mes rêves les plus fous soient-ils. Merci
pour la vie que tu m'offres.

L'abandon

L'abandon à traverser l'esprit
Car il avait tout pris
Et lui-même l'avait compris.

Son corps a voulu abandonner
Car seule la sensation d'être emprisonné
Dans son cœur résonnait.

L'espoir combattant l'abandon
Se maintient sur le cordon
Pour continuer d'être dans le don.

Un combat, qui va gagner ?
Qui réussir à écraser ?
L'espoir à remporter.

<u>Continuer à vivre</u>

Marcher pour avancer.

Avancer pour se relever.

Se relever pour gagner.

Gagner pour aimer.

Aimer pour rigoler.

Rigoler pour profiter.

Profiter pour savourer.

Savourer pour goûter.

Goûter pour se promener.

Se promener pour se libérer.

Se libérer pour rencontrer.

Rencontrer pour s'amuser.

S'amuser pour danser.

Danser pour chanter.

Chanter pour partager.

Partager pour continuer.

Continuer pour vivre.

<u>Sauver</u>

Se perdre pour mieux se retrouver.
Tomber pour mieux se relever.
Voici l'hymne qu'elle ne cesse de
chanter.

La vie ne l'a pas épargné,
Pourtant elle n'a pas cédé,
Au contraire, principal souhait,
Continuer d'aimer.

Les épreuves l'ont fortifié
Maintenant elle peut en témoigner
De la vie qui la sauvé.

Je t'aime

Tu m'as fait naître. Tu m'as donné la
vie. Tu m'as envoyé.
J'ai rigolé, j'ai couru, j'aimais mes
longues tresses, j'aimais faire mes
goûters d'anniversaire, j'aimais être
avec ma famille, j'aimais aller à l'école,
j'aimais faire du karaté, j'aimais faire
des blagues, j'aimais parler pendant des
heures.

J'ai pleuré, je suis tombé, j'ai souffert,
j'ai désespéré, j'ai hurlé, j'ai senti la
douleur, j'ai eu mal, j'ai vu la mort, j'ai
eu de la colère, j'ai eu de
l'incompréhension, j'ai eu de la
tristesse, je voyais noir, j'étais
incapable, j'étais honteuse, j'ai
culpabilisé.

Mais jamais tu ne m'as abandonné. Tu
te battais pour moi, avec moi. Tu as
persévéré à faire battre mon cœur.

Tu m'as guidé, tu m'as soutenue, tu m'as offert. Tu m'as donné ma famille, mes amis, des évènements, des moments.

Tu m'as prise par la main pour m'emmener sur le chemin de Saint-Jacques de Compostelle. Tu m'as tiré pour faire le tour des sanctuaires à pied. Et maintenant voilà ce que tu m'offres : Paris-Jérusalem à pied.

La joie, la peine, l'amour, la haine, malgré tout je te dis : Je t'aime la vie.

Je suis Estelle.

© 2023, Estelle Ferreira
Édition : BoD – Books on Demand, info@bod.fr
Impression : BoD – Books on Demand,
In de Tarpen 42, Norderstedt (Allemagne)
Impression à la demande
ISBN : 978-2-3220-4445-0
Dépôt légal : Février 2023